TOPONIMIA
INDÍGENA
MARGARITEÑA

ROSAURO ROSA ACOSTA

Fondo Editorial

ISBN: 1478141069
ISBN-13: 978-1478141068

CONTENIDO

LIMINAR

Todo nuestro pasado histórico está cubierto aún por una densa capa de brumas. Nada de verdad sabemos de la etapa precolombina. Estudios serios, profundos no se han realizado para determinar con exactitud el grado de cultura de nuestros antecesores.

Exploraciones arqueológicas realizó en 1905 el americano Theodor de Booy, en la zona de Guiriguire de Paraguachí, cuyos informes ignoramos. Las piezas encontradas en ese sitio forman parte del patrimonio del Museo de Nueva York.

Años más tarde, el científico Cruxent, en sitios aledaños al mencionado, hizo otros hallazgos, pero desconocemos también las conclusiones de sus investigaciones.

Están por averiguarse los grandes concheros de la playa de Guacuco y de los de las zonas adyacentes al istmo de Arapano.

De Cubagua - o mejor de Nueva Cádiz- sabemos algo, gracias a la gran preocupación y al espíritu y métodos investigativos del historiador Enrique Otte y al amplio apoyo que le dio la Fundación venezolana "John Boulton" y cuyos frutos de su labor son varios tomos de los Cédularios de Cubagua y Margarita, de Nueva Andalucía y de Caracas y la monumental obra: Las Perlas del Caribe. Nueva Cádiz de Cubagua.

De Margarita estamos por saber cómo era su nombre antes de que el Almirante Cristóbal Colón la bautizase desde el puente de su nave, con esa hermosa voz latina y cuál fue la razón para imponerle esa gracia.

Seguimos ignorando la fecha exacta de nuestro nacimiento a la Historia. Colón mismo se encargó de afirmar que no fue el 15 de agosto de 1498 como vienen pregonando los textos escolares e historiadores repetidores de fechas y de datos.

Dice Colón al Rey:

«Después que yo salí de la Boca de Dragón, que es una de las de aquellas del Septentrión a la cual así puse nombre, el día siguiente, que fue Día de Nuestra Señora de agosto, fallé que corría tanto la mar al Poniente que después de hora de misa, que entré en camino anduve fasta hora de completar setenta y cinco leguas de cuatro millas cada una, y el viento no era demasiado, salvo muy suave»

Está claro que el 15 de agosto de 1498 Colón navegaba por la Boca de Drago.

Seguimos ignorando quiénes fueron y de dónde se originaron nuestros primitivos pobladores.

Le decimos Guaikerí, pero el sabio Humboldt nos afirma que tal nombre se debe a un error:

«La denominación Guaikerí, lo mismo que las de Perú y Peruano, debe su origen a confusión. Los compañeros de Cristóbal Colón al costear la isla Margarita, en cuya costa septentrional reside todavía la porción más noble de de la nación guaiquerí, encontraron algunos indígenas que arponeaban peces lanzando un asta sujeta a un cordel y terminada en punta sumamente aguda. Les preguntaron en lengua de Haití cómo se llamaban y los indios creyendo que la pregunta de los extranjeros tenía que ver con ¡os arpones, hechos de madera dura y pesada de la palmera Macana, respondieron Guaike, Guaike, que quiere decir "palo aguzado"».

Sobre el origen y dialecto, el nombrado sabio alemán, dice: proviene del garaúno. Este dialecto se fue deteriorando prontamente por las estrechas relaciones que mantuvieron con los chaimas, caribes y cumanagotos y por último con los españoles.

«El nombre de esta tribu de indios (gauikerí) era absolutamente desconocida antes de la Conquista. Los indígenas que lo llevaban pertenecían antes a la nación garaúnos que ya no se encuentran sino en los terrenos pantanosos encerrados entre los brazos del Orinoco. Ancianos de ellos me han asegurado que la lengua de sus abuelos era un dialecto del guaraúno, pero desde hace un siglo no existía en Cumaná ni en la isla Margarita ningún indígena de esta tribu que supiese hablar otro idioma que el castellano».

La extinción casi total en nuestra Isla del dialecto garaúno puede comprobarse por la investigación realizada aquí por el Profesor Johannes Wilbert, quien pudo reunir doscientas palabras de origen guarao.

Lo cierto es que los guaikeríes, su origen y dialecto, siguen siendo un enigma, como dijo el Dr. Miguel Acosta Saignes.

Muchas voces indígenas quedan en la Isla, en algunos Centros Poblados recientes, en cerros, cabos y puntas y otros accidentes geográficos, que escaparon de la nomenclatura de santos y patronímicos impuesta por los españoles.

Predominan estos nombres indígenas en plantas, animales, en algunos instrumentos de trabajo y en piezas de alfarería.

Los topónimos indígenas debieran conservarse, protegerse por disposiciones legales, por ordenanzas municipales.

Hoy lamentamos como muchos de ellos nimbados por la Historia están desapareciendo o están siendo reemplazados por exóticas denominaciones con la complacencia de las autoridades y la indiferencia ciudadana.

Tenemos ahora nombres como L'Hermitage, Puerto Esmeralda, Valle Verde, Laguna Mar, que han reemplazado las históricas designaciones de Cerro El Vigía, Puerto Moreno, Cruz del Pastel, Gasparico...

TOPONIMIA INDÍGENA MARGARITEÑA

❖ **ACHIPANO:**

Cerro y Barrio en la parte Noreste de Porlamar.

El nombre original parece ser CHIPANO. Los antiguos pobladores de Margarita, mencionaban con este último nombre un pájaro de bello canto y hermoso plumaje, propio de la región.

En los años de 1920 fue muy popular el canto de los versos de la "diversión" pascual de El Chipanito, proveniente de la isla de Coche, famosa entre otras "diversiones" de esta isla.

El bailador del pájaro fue Félix Lunar y la principal "guaricha" Agripina Caraballo, quienes se unieron en concubinato y se hicieron vecinos de Pampatar por muchos años, donde eran conocidos como los "Chipanitos".

Después de 1945, Félix "Chipanito", su mujer e hijos, se residenciaron en el Morro de Puerto Santo, motivado a una abundante pesca de carite ocurrida en ese año.

En los estudios sobre las lenguas indígenas que hemos consultado no hemos encontrado las voces Achipano ni Chipano.

En la Historia Regional se cita el sitio de Achipano: el 20 de marzo de 1902 combatieron en Achipano las tropas del gobierno al mando del General José Asunción Rodríguez contra los revolucionarios Ricardo Fuentes y Ricardo Salazar.

❖ APECURERO:

Caserío del Municipio Antolín del Campo.

Según el Dr. Lisandro Alvarado el nombre indígena es "Pacurero" y en Oriente "Pecurero" (*Pisonia inermis*) ,árbol silvestre de madera de poca dureza y bastante liviana; se dice sin embargo que sirve para construcciones debajo del agua.

Pecurero es sinónimo de "Salado". Este nombre lo lleva otro Caserío del mismo Municipio.

❖ ARAPANO:

Istmo. Caserío del Municipio Península de Macanao.

Es el istmo que une la Península de Macanao con la parte oriental de la Isla de Margarita.

Se conoce también con los nombres de Istmo de La Arestinga, Botadero o El Diablo.

En documentos coloniales se cita: "las salinas del lago de Arapano".

Limita por el Norte con el Mar Caribe y por el Sur con la laguna Arestinga. Tiene una longitud de dos leguas y media de largo. En lo más estrecho 70 varas. Está elevado en algunas partes de 4 a 5 varas sobre el nivel del mar. (Codazzi).

El istmo y Caserío Arapano eran antes de la jurisdicción del Municipio Tubores.

❖ ARAQUE:

Playa del puerto de Manzanillo, en la parte Norte de Margarita y en la jurisdicción del Municipio Antolín del Campo.

ARAQUE es el nombre de una palmera de las selvas de la Cordillera costanera que suele encontrarse siempre aislada, entre 1.000 y 3.000 mts. sobre el nivel del mar. Esta palmera llega a crecer hasta 30 metros de altura. Su nombre científico: *Socratea fusca*.

Alvarado agrega que la voz indígena es Araki y, según el sabio Ernst, es de origen guaraní.

❖ ARICAGUA:

Caserío del Municipio Antolín del Campo, cercano al puerto EL Tirano o Puerto Fermín.

Desde antiguo es importante zona agropecuaria, poblada y fomentada por familias españolas al igual que el Caserío La Mira.

El nombre alude a una especie de palmera, cuyas frutas majadas, producen una especie de emulsión lechosa, alimenticia. Crece en Encontrados, Uracá, Perijá.

Es voz motilona. Se le conoce también como Palma de leche, Palma Zamora.

Aricagua es centro poblado desde tiempos coloniales, adscrita a la Parroquia de San José de Paraguachí.

En 1824, actuaba allí como Alcalde Pedáneo Fruto Bejarano, en cuya casa de habitación se congregaron los indígenas de la Comunidad de El Tirano y Puerto Abajo para defender sus tierras de las pretensiones del Capitán de la Independencia Vicente Guerra, quien las pedía en pago de sueldos atrasados y haberes militares. El Procurador Don .José Bruno del Campo, defendió a los aborígenes y obtuvo el reconocimiento de los derechos de sus tierras.

❖ **ARIMACOA:**

Con este nombre se distinguió un valle en la parte Norte de Margarita. Lo nombra Don Juan de Castellanos en su Elogio a la Isla: «a lo menos en valles eminentes. /El de Charaguaray de grande porte/ A la parte del Sur do va su proa,/ Ya los vapores frígidos del Norte /el de Paraguachí y Arimacoa".

Se cree sea hoy el conocido con el nombre de Pedrogonzález.

El nombre de Arimacoa comprueba la relación o presencia de indios del Amazonas en Margarita en tiempos precolombinos. Dos sitios hay en nuestra Entidad con el nombre de Brasil: uno en un Barrio de Porlamar y otro en la Isla de Cubagua, donde se asentaron indios de esa nación traídos para la explotación perlera.

En tierras de Arimacoa tenía ganados y cultivos Pedro Moreno, unos de los primeros pobladores de Cubagua y Margarita y Teniente de Gobernador de ésta.

En el Valle de Arimacoa, en el pueblo de los Olleros, el Teniente de Gobernador Don Juárez de Figueroa, robó a los indios maíz, joyas, lozas, aves de corral, según acusación que pesa sobre él en el juicio abierto contra las autoridades de Cubagua y Margarita por el Juez de Residencia Francisco del Prado en 1533.

Vásquez de Espinoza al escribir sobre el descubrimiento del río Marañón señala la Provincia de

Machifaro, «que en omagua se llama esta población Arimacoa, había en ella muchas sabanas o praderas que son vegas y en ellas gran cantidad de venados».

❖ ATAMO:

Caserío del Municipio Arismendi, a corta distancia de la ciudad de La Asunción. Oficialmente la Ley de 1916 le dio el nombre de Espinoza, en homenaje al Prócer Manuel Espinoza, muerto en combate en el cerro de La Libertad.

El Caserío Atamo, situado a las faldas del cerro Matasiete, está dividido en dos sectores que antaño se distinguían con los nombres Atamo Adentro y Atamo Afuera, hoy Atamo Norte y Atamo Sur.

Atamo, nombre indígena sobre cuyo significado discrepan los estudiosos de estas lenguas.

Don Enrique Otte, en su obra Las Perlas de Cubagua, lo menciona: «las salinas de Araya no eran las únicas en la costa venezolana, hubo salinas en Píritu,

Atamo (a tres leguas del puerto de Macarapaná), Cumanagoto y Chacopatare».

El educador y escritor margariteño Dr. José Marcano Rosas, en su "Historia Vivencial y Coloquial Margariteña" , afirma: «el topónimo Atamo procede del nombre aborigen Guayatamo, de las voces guaya, que significa cerro y tamo, paja... En efecto este cerro es muy rico en la paja usada en las construcciones de bahareque, tan generalizado en las humildes viviendas del pueblo isleño».

El Profesor Basilio Ma. de Barral en su Diccionario Guarao-Español , Español -Guarao" , nos da una versión distinta:

«Ata- mo- (Yata-mo y ayatá-mo). Amo: de, procedente de. De hacia. (Yanoko- Atamo: procedente de la casa)».

❖ LA AUYAMA:

Fundo agropecuario en la jurisdicción de la población de Los Robles, Municipio Maneiro.

Fundo agropecuario y centro poblado de la Península de Macanao.

Según Alvarado, «auyama es voz cumanagota que Ruiz Blanco traslada: "calabaza"».

Es planta de la familia Cucurbitáceas. Su nombre científico: *Cucurbita máxima*.

❖ **EL CACAO:**

Fundo y sitio del Municipio Antolín del Campo. Punto de referencia en los límites de este Municipio. Cerro al Este de Pedrogonzález.

Su nombre alude a la hermosa e importante planta americana, conocida científicamente como Theobroma cacao; cuyo fruto en épocas coloniales fue el más importante rubro de exportación y cuyas semillas llegaron a utilizarse como monedas en muchos países del Nuevo Mundo.

En esos tiempos, en varios sitios de la Isla se cultivó el Cacao al igual que el café, pero principalmente en la región de Paraguachí y Península de Macanao. Existen en estos sitios plantas silvestres de las mencionadas especies.

Parece que el cacao cosechado en Margarita tenía características especiales, pues es citado entre las diferentes clases existentes en Venezuela:

«De las variedades dichas (del cacao) cultívanse el cundeamor. el forastero, el margariteño, el zamurito, el lengua de vaca, el angoleta, el amelonado, el pompón, el cojón de toro y el macho» (Alvarado).

La voz cacao es azteca y según la tradición era la bebida de los dioses de esta tribu.

«El cacao son unas semillas que ellos (los mexicanos) llaman cacauatl, y los nuestros cacao, como en las islas de Cuba y Haití".

❖ CAICARA:

Sitio de San Juan Bautista, Municipio Díaz.

❖ CAIGÜIRE:

Laguna e isletas cercanas al Morro de Porlamar, Municipio Mariño.

❖ CAIMANES:

Antiguo hato en la Península de Macanao. Lo registra el Censo de 1950 con 1 vivienda y 3 habitantes.

CAIMÁN es voz taína: "reptil parecido al cocodrilo".

❖ CAMORUCO:

Sitio cercano a La Asunción. Sitio agropecuario.

Se le nombra en la Historia de Margarita por choques habidos en este sitio entre tropas patriotas y realistas en noviembre de 1815.

El Profesor y Dr. José Marcano Rosas, lo ubica «a un Kilómetro al Este de La Asunción y frente a la vertiente Sur del histórico Matasiete. Está constituido por una región fértil de variados labrantíos.»

Agrega: «el nombre alude a la presencia en el lugar de un frondoso árbol de Camaruco (Sterculia apetala Karst)».

Esta planta de hermosa fronda, tallo blando, hojas grandes y lobuladas, fruto en racimo, dehiscentes, semillas negras, ovuladas y comestibles luego de asadas.

En Margarita no se dice Camoruco, como en la zona centro occidental del pais.

En otras regiones del país es conocida también como Cacaíto.

❖ **CAMPIARE:**

Sector. Barrio de la ciudad de Pampatar en la parte Este. Ubicado a la vera del camino que desde tiempos coloniales va de este puerto a la ciudad de La Asunción.

El término parece ser de origen caribe.

Don Santos Erminy Arismendi cita con este nombre una nación de indios asentada cerca de Cariaco, Estado Sucre «tribu la más belicosa de la región; tomó el nombre de su cacique».

❖ **CANCAMIRE:**

Cerro del Valle del Espíritu Santo.

❖ **CARACARE:**

Bajo o escollo frente a la Isla de Coche y Sitio de la región de Macanao.

En el bajo de Caracare, isla de Coche, encalló y se hundió, en 1806, la fragata inglesa "Consolante".

Cuando estalló la Independencia en Margarita, la Junta Provincial surgida el 4 de mayo de 1810, comisionó a los patriotas Cayetano de Silva y Felipe Villalba para rescatar los cañones de la dotación de la señalada fragata. La comisión tuvo éxito y los cañones recuperados sirvieron para reforzar las trincheras y baterías de Margarita. Las piezas sobrantes fueron donadas a la Junta Provincial de Cumaná para iguales fines.

El Profesor Marcano Rosas, afirma que, «Caracare es el Gavilán Pintao (Caracare plancus) muy perjudicial para la cría de pollos, su más preciado alimento. A las personas inclinadas al robo de aves de corral le ponen el connotativo de caracare».

❖ **CARACAS:**

Barrio de la población de Boca de Río. Sector de Pampatar. Caserío del Municipio García. Nombre de un riachuelo que desemboca en la Laguna de Gasparico. Punto referencial en los límites del Municipio Maneiro.

«Caracas: esta nación de indios Caracas tomó este nombre porque en su tierra hay muchos bledos que en su lengua llaman caracas» (Alvarado).

La hierba bledo es conocida en varias regiones de Venezuela con el nombre de Pira.

❖ **CARANAY:**

Cerro y sitio de San Juan Bautista, Municipio Díaz. En documentos coloniales se menciona el sitio de hato Los Caranaes en el valle de San Juan.

En 1817 y a petición de los sanjuaneros el gobierno de la Isla construyó una batería con un cañón de a 12 y una línea de contravalación en el Caranay (Historia de Margarita. Yanes).

El 18 de julio de 1817, una Junta de Guerra presidida por el General Francisco Esteban Gómez, resolvió concentrar el ejército en la línea del Caranay, en el pueblo de San Juan, para que nuestra caballería no padeciese y a fin de alejar al enemigo de sus buques, facilitando nuestros recursos y forzándolos a un choque (Parte del ejército patriota, julio 1817).

❖ CARAPACHO:

Caserío del Municipio Díaz. Antes de 1916 se denominaba Caserío Jiménez. Por Ley del citado año se le dio el nombre de Caserío Marcano. Por Ley de 1948 se le da su primitivo nombre de Carapacho y por la de 1963, de nuevo Caserío Marcano.

Además de ser el nombre dado al caparazón que cubre las tortugas, cangrejos y otros animales, el Diccionario (DRAE) lo define como pueblo indígena del Perú en el departamento de Huanaco. Registra también Carapachay, nombre de los antiguos habitantes del delta del Paraná.

❖ CARCANAPIRAL:

Sector de la población de La Guardia, Parroquia Zabala, Municipio Diaz.

El nombre indica sitio poblado o cubierto por Carcanapires. Planta silvestre muy abundante en los cerros y sabanas de Margarita. Es el Croton fragilis.

Aquí se utiliza en medicina casera. Sus hojas tienen peculiar aroma. Por esto son usadas también para hacer nidales a las gallinas cluecas y en los campos se hacen escobas con sus hojas y ramas para barrer los patios y rincones y así alejar pulgas y otros insectos.

En otras regiones de Venezuela se conoce con el nombre de Amargosa.

❖ **CAREY:**

Punta en la parte Norte de Margarita. Sitio de referencia en los linderos de las Parroquias Sucre y Matasiete, Municipio Gómez.

Es voz taína que significa: tortuga de mar. Mas otros autores señalan que el término procede del malayo Karak, tortuga de carey.

❖ **CARIACO:**

Sector de la población de La Vecindad, en la jurisdicción del Municipio Gómez.

Don Santos Erminy Arismendi en referencia al término nos dice: «Cariaco, como voz indígena americana es el nombre de la bebida fermentada de guarapo, de caña y batata (o cazabe)».

«Cariaco, dice Calcaño, viene del oyampi (ariacu) corza, arbusto y su fruto».

Agrega: «Cariaco es también el nombre de un mamífero de los cérvidos conocido con los nombres de mazama y reduncia, habiendo en Virginia el llamado Cariacus virginianus, muy semejante al venado».

Alvarado, al referirse al término Cariaco, dice: «adjetivado aplícase a animales o vegetales... El maíz Cariaco es una variedad, llamado erepa por los antiguos cumanagotos, que al igual del amapito, el tuaye y otros, es menos crecido que el Yucatán y, además, de mazorca más pequeña y grano más frágil aunque fructifica más pronto. Esta variedad viene ya citada por Carvajal y de ella se distinguen subvariedades de distintos colores en el Orinoco».

Cariaco es también el nombre de una danza o baile popular en la isla de Cuba.

❖ **CARIBE:**

Playa en la parte Norte de Margarita, entre Pedrogonzález y Altagracia.

Islote al Sur de la isla de Coche. Este islote por Ley de 1916 fue adscrito a la jurisdicción del Municipio Mariño. Hoy es Dependencia Federal. En tiempos coloniales y más recientes fue famoso por sus ricos ostrales.

El nombre Caribe lo llevan también varios peces de río.

Los indios caribes, belicosos y valientes, formaron un pueblo que dominó la mayor parte de Las Antillas. Su lengua se extendió por diversas regiones de América y muchísimos vocablos de este origen pasaron al español desde los primeros tiempos del Descubrimiento y aún tienen vigencia.

❖ **CARICHICUAL:**

Este nombre lo lleva una Punta cercana a Punta de Piedras, Municipio Tubores.

❖ **CAUCA:**

Sitio del Municipio García. Cerro de Los Robles.

Según algunos autores es el nombre de una yerba forrajera que abunda en Colombia y Ecuador. Un río de Colombia así se distingue.

Don Aristides Rojas afirma que es voz cumanagota que significa loco, de ahí Caucagua, "quebrada torrentosa".

❖ **LA CEIBA:**

Antiguo fundo agropecuario cercano a Pampatar.

En tiempos de la colonia fue Capellanía del Párroco de este puerto y luego pasó a ser propiedad del Presbítero Dr. Baltasar Narváez, Beneficiado de la Parroquia del Cristo del Buen Viaje y Vicario de Margarita. Después de la Independencia fue adquirido por el Prócer Teniente Juan José Aguirre.

«La Ceiba es un árbol gigantesco, corpulento, de la familia de las Malváceas. Su madera es blanca, blandísima, liviana, pero bastante duradera en el agua, por lo que fabrican de ella canoas. Es voz taína» (Alvarado).

En Margarita abundan las ceibas. Castellanos en sus Elegías, resalta la enorme ceiba del Valle de San Juan, bajo cuya sombra se reunían los poetas existentes para esa época en la Isla, a recitar y a comentar sus versos. Por esa razón Don Luis Beltrán Guerrero afirma que, en el Valle de San Juan nació la primera peña literaria de Venezuela.

❖ **CHACACHACARE:**

Caserío del Municipio Tubores.

El científico Johannes Wilbert dice que Chacachacare es voz guaraúna que significa: "Buen Hermano".

❖ CHACARACUAL:

Antiguo hato en la Península de Macanao, cercano al sitio El Manglillo. Punta.

También lleva este nombre un río del Estado Sucre, que desemboca en el Golfo de Paria.

Alvarado afirma que dicha voz proviene del cumanagoto Chacari, con el significado de cigarra.

❖ LOS CHACOS:

Caserío del Municipio Maneiro. Antiguamente sitio anexo a la Comunidad de Indígenas de Los Cerritos y en la jurisdicción de este Caserío.

Del cumanagoto Chacopatare: batatal o lugar de las batatas. Indica también arenal.

❖ CHAMPOTURO:

Playa de Boca de Pozo en la Península de Macanao. Aseveran que este nombre lo dieron los aborígenes a un tipo de cangrejo que abundaba en esas costas.

❖ CHARAGATO:

Punta al Noroeste de Cubagua. Sitio y puerto de la mencionada Isla, con gran mención en los tiempos de Nueva Cádiz.

❖ CHARAGUARAY:

Nombre primitivo de uno de los valles de Margarita, en la parte Sur. Se cree sea el llamado por los españoles del Espíritu Santo.

Lo menciona en su Canto, Don Juan de Castellanos: «el de Charaguaray de grande porte / a la parte del Sur do va su proa...»

En el sitio de Charaguaray, el Gobernador Don Francisco de Mexias y Alarcón, el día 24 de enero de 1677, trató de enfrentarse al pirata francés Maintenon que había desembarcado en el Morro de Porlamar con 600 hombres para atacar a Margarita, pero el pirata desvió el camino y se dirigió a la Portada de Reinaldos a la entrada de La Ciudad, y aunque encontró resistencia por parte del Gobernador y milicias de los vecinos, entró a la capital y la devastó durante ocho días de permanencia en ella.

CHARAGUARAY es un árbol de tinte - dice Caulin - con que comúnmente tiñen hilos, badanas y apreciables gamuzas amarillas.

En ciertas regiones del Oriente del país le dicen también Chaguanay. Don Yñigo de Abad, en 1773, al escribir sobre los productos que se fabrican en Margarita, cita, entre otros, las finas medias que tejían en San Juan que teñían con el Chaguanay, que da un tinte especial de color amarillo. Estas medias, afirma el citado Prelado, eran objeto de exportación por ser muy apreciadas en las Colonias.

El nombre científico de esta planta es: Chlorophora tintorea. Hoyos colectó esta especie en La Asunción y la registra además con el nombre vulgar de :"Palo de Mora".

❖ **CHARAYMA:**

Morro y Valle de Charayma, se mencionan desde los primeros tiempos de la Margarita. El Morro de

Charayma es llamado hoy Morro de Porlamar. En sus cercanías fundó en noviembre de 1526, Pedro de Villardiga, Teniente de Gobernador por Isabel de Manrique, el primer pueblo margariteño con el nombre de San Pedro Mártir, Pueblo a la Mar o Villa del Espíritu Santo.

El Valle, se supone, sea el del Espíritu Santo o de Nuestra Señora.

Charayma - según se menciona en la Historia - era el dueño y señor de la Isla para la llegada de los españoles a Cubagua y con ellos mantuvo cordiales relaciones. Se asegura además, que era el dueño del Valle de Maya, en la costa central de Venezuela. Hermano del cacique Guaicamacuto y abuelo de la cacica bautizada con el nombre de Isabel, madre del mestizo conquistador Francisco Fajardo.

❖ **EL CHAURE:**

Islote de los que integran el Grupo Los Frailes, al Este de Margarita.

Chaure es el nombre de un ave nocturna, especie de lechuza, cuyo canto o graznido, de acuerdo a la creencia popular, es anuncio de muerte.

❖ **CHEPEREPE:**

Con este nombre se distingue otro de los islotes de Los Frailes.

❖ **LA CHICA:**

Sitio y cerro del Municipio Antolín del Campo.

Sitio y quebrada en la Península de Macanao.

La Chica es un árbol frondoso de follaje siempre verde y fruto de gran dulzor. Arraigado en la isla desde los tiempos precolombinos. Lo cita Castellanos en su Elogio a Margarita: «hay chicas, cutuprices y mamones...»

Su nombre técnico Bignonia chica.

Alvarado afirma que viene de la voz chaima chicayop, es decir, "árbol de la nigua."

❖ **CHIGUANA:**

Sector de la población de Altagracia, Parroquia Sucre, Municipio Gómez.

En el Golfo de Cariaco, Estado Sucre, existe la población y puerto de Chiguana.

El nombre tal vez sea alteración de la voz indígena Chinagua, la cual registra Tamayo como «cierto sapo de Carúpano, Macarapana, etc, donde tiene fama de ser venenoso por su mordida. Es grande, manchado de marrón en el lomo» Alvarado, escribe: «Chinagua, rana en Margarita».

❖ **CHIGUICHIGUAL:**

Sector del Caserío Guerra, Municipio Maneiro.

"Sitio poblado de chigüichigües. Planta de las Bromeliáceas". Fruto fragante, comestible. Hojas largas y espinosas, parecido a la maya. De ahí el refrán: "chigüichigüe y maya".

En ciertos lugares de la isla se le utiliza para hacer "empalizadas o cercas".

❖ **CHIPICHIPE (O CHIPICHIPI):**

Sector de la población de Altagracia, Parroquia Sucre, Distrito Gómez.

Chipichipe es el nombre de una almeja que abunda en ciertas playas de Margarita, de la cual se hacen caldos, guisos y tortillas.

El término es azteca, donde tiene el significado de Llovizna.

Tamayo, afirma que es «voces para llamar gatos».

❖ **CHIRGUA:**

Punta de la Península de Macanao.

Chirgua, «es una vasija de barro cocido en forma ánfora. Se utiliza principalmente para cargar agua en el campo», según definición del escritor larense R. D. Silva Uzcátegui.

❖ **CHOROCHORO:**

Caserío de la Parroquia Adrián, Municipio Marcano. Sector del Caserío Guerra, Municipio Maneiro.

Tal vez corrupción de la voz Chorchor, pájaro, según Alvarado - llamado también copetón en varios lugares de Venezuela -.

❖ **CHUAIMA:**

Valle cercano a San Antonio, Municipio García.

¿Será éste el Valle de Charaima que mencionan las crónicas coloniales?

❖ **LOS CHUARES:**

Los Chuares de Salamanca, sitio cercano a La Asunción. En este sitio - dice el General Francisco Esteban Gómez - fracasó el primer movimiento revolucionario que intentó Arismendi contra el Gobernador Urreiztieta, organizado por los patriotas Antonio Herrera y José María Paz.

Chuare es un árbol. Alvarado registra la especie Chuare Blanco (*Ficus glabrata*).

En Margarita se conoce también con los nombres vulgares de Güire y Matapalo.

❖ CIMARRÓN:

Cerro en el Municipio Antolín del Campo, frente a las poblaciones de Aricagua y Puerto Fermín (El Tirano).

Muchos autores aseveran que este vocablo es de origen africano. Significa: "bravío, salvaje, montaraz" hablando de animales. "Silvestre", hablando de plantas.

❖ EL COCO:

Sitio entre los Caseríos Aricagua y La Mira en el Municipio Antolín del Campo.

❖ LOS COCOS:

Barrio y playa en la parte Sur-occidental de Porlamar. Sector de La Asunción, en las faldas de Matasiete.

Coco, fruto del cocotero o del árbol del coco. Palmera muy cultivada en los valles de la Isla. *Cocus nucifera.*

En este sector de Matasiete, el 31 de julio de 1817, los margariteños dirigidos por el Coronel Francisco Esteban Gómez derrotaron el ejército español comandando por el Brigadier don Pablo Morillo, consolidando así la libertad e independencia de Margarita.

Esta batalla fue llamada durante muchos años la Batalla de Los Cocos, después y hasta hoy, de Matasiete.

❖ **COCHE:**

Isla al Sur de Margarita. Estas y Cubagua forman el Estado Nueva Esparta.

Coche es hoy Municipio con el nombre de Villalba, que tiene por sede la población de San Pedro de Coche.

En la Colonia reemplazó a Cubagua por sus grandes y ricos bancos perleros.

Aunque no perteneció a la jurisdicción de Cubagua ni de Margarita sus riquezas beneficiaron a estas poblaciones. Los empresarios perleros de Coche eran en su mayoría de Cumaná o Nueva Andalucía a cuya jurisdicción estuvo adscrita. Muchas reclamaciones judiciales cursaron ante los tribunales españoles por estas causas. La más importante fue la del Gobernador

Núñez de Lobo a quien por Capitulación se le otorgó Coche.

Prosperó posteriormente en este islote la pesquería de peces, de manera especial la de la liza, variedad de mújol, cuyo producto salado y seco se exportó a Santo Domingo, Puerto Rico y puertos de la Península.

Se unió a esta la cría de caprinos, con cuyo producto se sostenía el Hospital San Pablo de la ciudad de La Asunción.

Coche pasó a la jurisdicción de Margarita por disposición del Congreso de Venezuela en 1811, quien atendió la solicitud del Diputado Manuel Plácido Maneiro. El Congreso puso la condición de que los ganados de propietarios de otras provincias también podían pastar en ella.

Coche, según algunos autores estuvo poblada en épocas precolombinas por los indios Coches y de ahí su nombre. Otros afirman, que es voz cumanagota que significa venado; mientras que distintos estudiosos dicen que el vocablo es quechua, con la significación de sal.

❖ **COCHEIMA:**

Barrio de la ciudad de La Asunción. Una de las primeras Comunidades de Indios de Margarita, de las cinco que fundó durante su gobierno Don Miguel Maza Lizana, y donde levantó cruz alta el Predicador dominico Don Juan de Manzanillo, fundador también en La Asunción del Convento de su Orden.

Lugar de los indios Coches, indica su nombre (el sufijo eima, expresa lugar).

❖ **LOS COMEJENES:**

Antiguo hato en la jurisdicción de la Sabanagrande, hoy Municipio Tubores.

El Diccionario de la Real Academia Española (DRAE), sobre el término Comején, dice: del araucano Comixen, insecto que en ciertas partes de América llaman hormigas blancas y anay en Filipinas.

El Dr. Francisco Tamayo nos da esta interesante información: «Comején son las termitas hormigas xilófagas. Según los campesinos, se distinguen dos especies de estos insectos en los Llanos, el comején de tierra y el comején de palo (árbol); el de tierra es gordo, se le da de alimento a las gallinas, las cuales engordan mucho con ello. El comején de palo no sirve para esto, porque se queda pegado en el buche de las aves. Estos son datos populares del Guárico. En los Andes Venezolanos se los dan como alimento a los gallos de riña, pues es fama que tales aves adquieren así mayor capacidad de pelea. En el dique de la presa del Sistema del Guárico vi una nutrida tropa de comejenes negros que se desplazaban caminando entre las piedras del talud Norte del mismo. Los restantes comejenes que he visto en el Guárico tiene color blanquecino».

Alvarado dice: «Comején es voz taína, de que son formas antiguas comixén, comijén. Acaso la verdadera ortografía de Castellanos es comexen...»

El hato Los Comejenes, en Sabanagrande, era de la propiedad de Don Narciso del Campo.

Comején es también un sitio de la población de La Vecindad.

❖ **COMINOTO:**

Islote del grupo Los Frailes, al Este de Margarita.

❖ **COMEQUENIGUA:**

Nombre de una playa al Este de Pampatar, cercana a la Cueva del Bufón.

❖ **EL COPEY:**

Barrio. Montaña en la ciudad de La Asunción. Antiguamente nombre del principal riachuelo de la Isla, hoy riachuelo de La Asunción.

El Copey es importantísima región agrícola. Los primeros españoles fomentaron numerosas huertas para cultivo de cocoteros, nísperos, mameyes, granados, jobos, pan del año y posteriormente dátiles, plátanos y mangos, piñas .castaños, yucas, caña de azúcar y otros frutos raíces que dieron origen a diferentes industrias caseras: fabricación de casabe, aceite de coco y almidón, desmotadoras de algodón...

La montaña de El Copey tiene de altura 1.269 metros. Esta montaña forma los valles de La Asunción (antes Santa Lucia), el Valle del Espíritu Santo. Se presenta escarpado al Sur, mientras al Norte se prolonga en forma de colina, terminando en el Morro o Cabo de la Isla y ofreciendo en sus declives un terreno útil para cultivar algodón, maíz, frijol. La parte occidental de Copey forma el Valle de San Juan.

Nacen en esta montaña los cuatro riachuelos principales de Margarita: La Asunción, Espíritu Santo, San Juan y Tacarigua.

Durante la Independencia fue teatro de varios encuentros entre patriotas y realistas.

El 15 de enero de 1816, el Brigadier Fardo revistó todas las tropas y después de presentarse en el Castillo de La Asunción, ordenó a Urreiztieta atacar a los patriotas en todos los puntos, lo que hizo el día 16. Los patriotas se pusieron en retirada falsa y refugiados en el Cerro de Copey, atacaron furiosamente a los españoles poniéndolos en vergonzosa fuga, cayendo en poder de los insurgentes armas, municiones y y abastecimientos.

COPEY es voz taína, con la que se distingue un árbol de la familia de las Gutíferas. Es de mucha altura y hermoso ramaje, hojas dobles y carnosas y flores inodoras amarillas y rojas de apariencia de cera. Fruto esférico, pequeño, venenoso. Abunda en la América Central.

Alvarado agrega la siguiente explicación: «nombre dado a varias especies de Glusia, familia de las Gutíferas. Ej.: Glusia rosea y Glusia alba.

»La Glusia rosea, que es una de las más comunes, a menudo nace parásita sobre árboles más altos, descolgando entonces las raíces que con el tiempo se vuelven troncos. Hojas rígidas, trasovadas, lustrosas por arriba. Flores de un rosado más o menos pálido, con 6 pétalos u 8.Fruto globoso... que produce, ya seco, una resina negruzca o negra del propio nombre».

Añade: «Hay en esta isla otro árbol que los indios de ella llamaban Cupey, la penúltima sílaba lengua» (Castellanos)... «en aquellos primitivos tiempos de conquista, desta y otras islas hacían los cristianos naipes de las hojas del Copey y a estas hojas debujaban los reyes y los caballeros y sotas o puntos» (Oviedo).

«Copey es voz taína. Cupei se pronuncia en Puerto Rico. En Cuba: Copei. En otras regiones se le denomina: Tampaco».

❖ **CUAGUA:**

Nombre indígena del islote llamado por los españoles Cubagua. Hoy forma parte del territorio del Estado Nueva Esparta y está adscrita al Municipio Tubores.

De gran importancia en la Historia de Venezuela. Muchos historiadores fijan el comienzo de su población en 1511, cuando empezaron a explorarse los bancos perlíferos. Por la riqueza de sus ostrales se pobló rápidamente con gentes venidas de diferentes regiones de España. Ya para 1528 contaba con una Ciudad en toda regla con Cabildo y oficinas reales de Hacienda, iglesias y conventos, casas de piedra y fuerte comercio con Santo Domingo, Puerto Rico y España. Oficialmente se le dio el nombre de Nueva Cádiz. Su población, para este año, alcanzaba más de 1.500 almas.

Incalculable la riqueza que este islote aportó al Erario Real. Esto sirvió de imán para los piratas y corsarios de otras naciones que incursionaron varias veces en ella y en Margarita.

En Cubagua o Nueva Cádiz, refiere Don Enrique Otte, se dio la primera batalla naval de América, al derrotar las autoridades de esta Isla, reforzados por los guaiqueríes margariteños que aportó la cacica Isabel, al pirata Diego de Ingenios.

La avidez de las perlas, la extracción de las ostras sin normas ni métodos agotó temprano los placeres y ya para 1537 la explotación era mermada y muchos de sus empresarios y vecinos habían abandonado el islote.

Buscaron otros rumbos: Cabo de la Vela, Río Hacha, Costas de Coro.

En 1541 le hizo gran daño el huracán de la Noche Buena de ese año. Muchos de los restantes vecinos se alojaron en Margarita. Otros tantos aún abrigaban esperanzas y permanecieron en ella hasta 1545, cuando piratas franceses quemaron lo que quedaba. Sobre su destrucción, dice Vásquez de Espinoza, fue el castigo del cielo por la vida desordenada, viciosa, que llevaban sus vecinos.

Cuagua es voz caribe. Algunos dicen que significa: lugar de los cangrejos.

❖ **LAS CUICAS:**

Caserío del Municipio Tubores.

Su nombre proviene de la abundancia en dicho sitio (antiguo hato) del árbol Cuica, de las Leguminosas. El nombre científico es *Circidum veride*, para otros *Cercidum spinosam*. Conocido en otras regiones como Yabo o Brea.

Alvarado así lo describe: «Árbol no muy elevado, ramoso, de tronco verde, resinoso... Crece en lugares secos del litoral y de la región occidental del país».

Tamayo, dice: «esta planta conocida en Margarita con el nombre de Cuica, es muy característica de los bosques xerófilos del litoral.»

Con la madera de cuica se confeccionaban en Margarita trompos y otros juguetes infantiles y muebles rústicos.

❖ **CUJÍ (Punta):**

Punta Cují, Caserío del Municipio Díaz.

Alude al nombre de un árbol de las Leguminosas. En halcón y Lara es llamado así la especie que abunda en Margarita conocida como Yaque.

❖ **CUJISAL:**

Fundo en la Parroquia Guevara, Municipio Gómez.

❖ **LAS CUNAGUAS:**

Laguna y sitio de la población de Pedrogonzález. Parroquia Matasiete. Municipio Gómez.

En otras regiones del país es conocida la voz Canagua "que es una especie de helecho del género polipodios, de largas hojas simples.de color verde".

Cunagua puede ser corrupción del vocablo Cunaguacil, que Caulin - dice Alvarado -usa con el significado de proel (proa de una canoa).

❖ CURIEPE:

Sitio del Municipio Maneiro, entre Los Cerritos y San Lorenzo.

El término Curiepe se origina de Curí, acure, según Aristides Rojas, citado por Mac Pherson.

El Curí es el acure que vive en las sabanas.

❖ CUSMA:

Sitio del Municipio García. Región agrícola.

Cusma es palabra quechua que tiene el significado de vestido. En Ecuador: "camisa sin mangas". En Perú: "camisa que usan los indios que viven en las selvas".

❖ CUSPA:

Sitio del Municipio García. Antiguo fundo agrícola.

Alvarado dice que es una especie de armadillo pequeño. En su cola sin escamas se diferencia de los demás armadillos. Suele hacer sus madrigueras en los cementerios, y su carne, a causa de esto y de su olor desagradable no se come en el Guárico.

Es voz caribe. También lleva el nombre de Cuspa la *Galipea gasparia*, de la familia de las Rutáceas. Es árbol de 30 o más pies de alto.

Madera dura, compacta, pesada y fuerte.

El Diccionario de la Real Academia Española de La Lengua (Drae) define el vocablo: «Ven. Arbusto semejante a la palmera y cuya corteza se emplea como la quina».

El Larousse:: «Cuspa. Ven. Arbusto que produce la angostura».

Hoyos, la menciona como «*Aspidosperma cuspa*. Árbol pequeño de 4 a 8 m.de alto... crece en los bosques deciduos de la Isla». Colectó ejemplares en San Francisco de Macanao, Matasiete y El Maco.

D-E-F-G

❖ **GUACUCO:**

Playa y Caserío en la jurisdicción del Municipio Arismendi. Antiguamente Guacucopatare.

Marcano Rosas dice que, «Guacuco es molusco bivalvo de forma triangular que vive enterrado donde baten las olas; es muy solicitado para caldos y guisos. La empanada de guacuco es exquisita» .Alvarado expresa: «Cierto marisco de las costas de Oriente. Del cumanagoto: Huakuko, almeja de mar».

En el Estado Sucre hay también una población con este nombre.

En 1816, en aguas de la mar de Guacuco, se trabaron en feroz lucha una nave mandada por los patriotas Román y Fariñas contra una fragata realista capitaneada por Gabazo.

La nave de nuestra bandera venia de las colonias con un apreciable cargamento de armamentos y víveres.

Los nuestros, conocedores de la costa, trataron de que la nave española encallase en las peligrosas aguas de Guacuco y con hábil y certera maniobra lograron salir de la angustiosa situación y desembarcaron su valioso cargamento cerca de Punta Ballena.

En 1817 varios soldados españoles derrotados en Matasiete el 31 de julio, perseguidos por un piquete de caballería, encontraron la muerte en la playa y la mar de Guacuco.

❖ LAS GUACHARACAS:

Cerro en la jurisdicción del Municipio Antolín del Campo. Punto referencial de los límites de la Parroquia Matasiete, Municipio Gómez.

Guacharaca es ave silvestre; "puede domesticarse sin dificultad y su carne es buena cacería".

Es voz de origen caribe, Se conoce también una hierba con este nombre.

❖ GUAICAMAR:

Se nombra un pueblo con este nombre existente en Margarita para la época de la llegada del Tirano Aguirre.

Desde dicho pueblo, los pocos moradores que escaparon de la furia del Tirano, denunciaron al Rey las tropelías del jefe marañón y el estado de miseria en que se encontraban y solicitaban las mercedes de Su Majestad para recuperarse.

El nombre tal vez, originalmente, Guaicamare: "sitio de las guaicas" .

❖ GUAIMARO:

Barrio de la ciudad de Juangriego, Municipio Marcano.

Es el nombre de un árbol que abunda en el Estado Zulia, donde existen las variedades amarillas, coloradas y guaimarito. De excelente madera.

Pittier lo clasifica entre las Moráceas. Especie Piretinera. Guaimaro o Charo, en la variedad de madera y otras especies de usos diversos, en su interesante trabajo

"Exploraciones Botánicas y otras, en la Cuenca de Maracaibo".

El científico Johannes Gilbert, dice que el término proviene del guarao "guaimare", «gavilán pequeño que se alimenta de pescaditos».

❖ GUAIMEQUE:

Caserío del Municipio Díaz.

❖ GUAINAMAR :

Sitio y Caserío del Municipio Península de Macanao. Quebrada en el Noreste de dicha Península.

❖ GUAINAMARITO:

Sitio de Macanao.

❖ GUAITOROCO:

Cerro en la jurisdicción del Municipio Gómez. Punto referencial en los linderos de este Municipio y Diaz.

Se conoce también con el nombre de Valle Hondo.

Puede ser corrupción o alteración de la voz GUAITOCO, que según Alvarado, es el nombre de un árbol de construcción, de madera amarillenta, algo fibrosa, poco pesada, grano fino, que abunda en el Estado Falcón.

❖ **EL GUAMACHE:**

Población y puerto del Municipio Tubores.

Caserío y Puerto en la parte Sur de la Isla de Coche.

Puerto Internacional de Nueva Esparta.

Por la bahía de El Guamache de Punta de Piedras, desembarcó Morillo, el 14 de julio de 1817, su ejército con el fin de apoderarse de la Isla de Margarita. En esta playa y en las aledañas de Banco Largo y Las Cuicas, de Los Barales y Cerro de la Vela, los patriotas al mando del Coronel José Joaquín Maneiro se trabaron en dura lucha con los invasores y lograron detenerlos en esos parajes por más de cuatro días.

GUAMACHE es el nombre vulgar del árbol de las Cactáceas designado científicamente Pereskia guamacho. Abunda en los cerros y sabanas de Margarita, donde comúnmente se utiliza para cercas o empalizadas de conucos y viviendas.

Su fruto - tipo baya-, fragante, comestible, ha servido en numerosas ocasiones como alimento al pueblo margariteño en tiempos de hambrunas o de otras calamidades.

De utilidad en medicina casera para baños y lavados de úlceras y en cataplasmas para reventar "nacíos" o furúnculos.

En otras regiones del país se conoce con los nombres de Supí, Supire y Suspiro.

❖ GUAMACHITO:

Sector de la población de Boca de Pozo en la Península de Macanao.

❖ EL GUAMAL:

Sitio en las faldas de Matasiete.

Es lugar poblado de Guamos (Alvarado).

El Guamo es un árbol frondoso de la familia de las Leguminosas."Algunas de estas especies se plantan como el bucare, en los cafetales para aprovechar la sombra necesaria".

En El Guamal, el 31 de julio de 1817, el General Francisco Esteban Gómez, mandó a emboscar las compañías de cazadores, desde este punto hasta la quinta de Hidalgo, para empezar el combate, donde nuestras tropas se cubrieron de gloria derrotando a Monillo y a su numeroso ejército y lograr la definitiva Independencia de nuestra Isla.

❖ GUANARE:

Sitio cercano a Playa Guacuco. Rico placer pesquero donde abundan carites y pargos.

Alvarado afirma que esta voz es contracción de Guanaguanare, especie de gaviota muy conocida. I agrega que procede del tamanaco uanauanari, que indica: gaviota.

❖ GUARACAIDA:

Islote de los que forman el Grupo "Los Frailes", al Este de Margarita.

❖ **GUARACARUMBO:**

Sector del Caserío Salamanca, en el Municipio Arismendi.

Este nombre lo lleva también un caserío del Municipio Maiquetía (Mac Pherson).

❖ **GUARAGUAO:**

Barrio de la ciudad de Porlamar.

Tamayo dice: «Guaraguao es el nombre que se da en Oriente al zamuro, esto es al *Coragyps atratus*. Este mismo nombre se le da a las leguminosas del Género Macuna (como es el caso de *Macuna rostrata Benth*), cuyas semillas por ser consideradas como "piedra de zamuro" dicen que traen suerte. Mediante esta superstición se establece una relación nominal entre el ave y la planta»... «Esta es una trepadora de grandes racimos pedúnculos, constituidos por numerosas flores amariposadas, de color anaranjado muy vivo. Por primera vez fue coleccionada en Venezuela por el autor de estas notas a orillas del Rio Grande, brazo principal del Orinoco en el Delta, entre Sacupana y Curiapo».

Alvarado nos da la siguiente información: «Guaraguao. En Margarita es nombre del SAMURO. En Cuba es el *Falco borealis*, especie de halcón; Oviedo, en efecto, dice que es ave como el milano, refiriéndose sin duda a la avifauna de las Antillas». Agrega: «Guára, del cumanogoto guaragua: aguilucho o gavilán: o más bien del chaima: guaragu: samuro. Armas pretende que es voz española que significa cuervo».

Una planta de Guaraguao (*Canavalia obtusifolia*) del Orden Leguminoisas colectó en Juangriego el Dr. Ernst en 1880.

Esta planta colectada por Ernst la clasifica Hoyos como *Canavalia marítima*, con el nombre vulgar de Haba de mar.

Las antiguas crónicas hablan de la ciudad de Nuestra Señora de Guaraguao, cercana al puerto de Pueblo de la Mar, la cual por autorización del Gobernador Don Alonso del Río y Castro de fecha 24 de agosto de 1764, empezó a reedificar el pescador margariteño Isidro Granado junto con 80 vecinos que se hablan separados de la ciudad de La Asunción. Granado y sus compañeros muy pronto levantaron la ermita, que fue bendecida y dijo Misa en ella, el Obispo de Puerto Rico Don Mariano Marti, en 1766, y la tituló San Nicolás de Bari, al igual que la antigua derruida.

Sobre el establecimiento de este nuevo vecindario en la Isla de Margarita, se pronunció favorablemente el Consejo de Indias, luego de la investigación realizada para saber las causas de la destrucción del antiguo pueblo y de considerar la oposición del clero asuntino sobre dicho asunto. La sentencia fue dictada el 27 de abril de 1771 y aprobada por S.M. por Real Cédula, dada en Aranjuez, el 23 de mayo de 1771.

❖ **GUARAME:**

Caserío del Municipio Antolín del Campo. Antes GUARAMA, como escrito está en documentos de la Parroquia de San José (Paraguachí) . En Guarama se criaban ganados de la Cofradía del Santísimo de dicha Parroquia, que estaban a cargo del señor Martín Romero.

Guarame, queda así escrito en la Ley de División Territorial de Nueva Esparta de 1916, al señalar que los linderos del Distrito Arismendi comienzan en la Boca de Guarame.

La palabra no aparece en el Glosario de Voces Indígenas del Dr. Alvarado.

Tal vez sea corrupción de Guaramaco, árbol grande, que se utiliza en la construcción, en otros lugares del país, o de Guarema, que es un arbusto tintóreo, cuyas hojas producen una tinta morada con que los indios tejían sus hilos y hamacas.

El científico Johannes Gilbert, en un estudio sobre 200 palabras guaiqueríes que aún se utilizan en Margarita, cita a Guarame como sitio, como pueblo y afirma que esta voz proviene del guarao y tiene el significado "porque somos gente" , de guará, gente; me: porque, ya...

Se asevera que el sitio lleva el nombre del pájaro Guarame, especie de tórtola, que abunda en dicho lugar.

❖ GUARANTAS:

Sitio entre Paraguachí y La Asunción. Los caminos de Guarantas se mencionan en las Observaciones a la Historia de Margarita de Francisco Javier Yanes, hechas por el General Francisco Esteban Gómez.

❖ GUARAPOTU:

Sector de la ciudad de La Asunción.

La palabra es Guarapoturo, cuyo nombre lleva también un Sitio y Punta de la Península de Chacopata. Hoy al Caserío que se levanta en ese sitio se le dice simplemente Guarapo.

❖ GUARATARO:

Punta y cerro de Juangriego.

Boca de Guarataro: Sitio de la Península de Macanao.

Sector del Caserío Espinoza (Atamo). Municipio Arismendi.

Es una yerba - según Alvarado- de tallo comprimido, de hojas pequeñas y lampiñas, que arraiga de ordinario entre las piedras de las calles poco frecuentadas, donde es difícil arrancarlas. También árbol maderable, poco elevado, frondoso, de tronco recto. Madera de color amarillo, conocido en algunos lugares con el nombre de Aceituno.

Guarataro o guaratara es guijarro, piedra, pedruzco. Es voz tamanaca: lugar del guijarro.

❖ **GUARUPARO:**

Riachuelo de Pedrogonzález.

❖ **GUATACARAL**

Caserío del Municipio Díaz.

Sitio poblado de guatacares. Árbol silvestre en Margarita, de madera fuerte, flores blancas y perfumadas. Es muy apreciada en la isla la leña del guatacare para la cocción de las arepas .

Este nombre se le da también a un pez de piel negra, que se pesca con mandingas. Del guarao. Palo quebrado.

❖ GUATAMARE:

Cerro, Sitio y Caserío entre los Municipios García y Arismendi.

El Guatamare es un árbol grande y frondoso, de 10 a 20 mts. de alto, de madera fuerte. Como Sereipo se denomina en otras regiones del país. Voz del guarao.

❖ EL GUATANAL:

Sitio de la Península de Macanao.

Guatanero es el muchacho que ensarta los pescados por medio de una aguja de pesca, del guarao: guata, palito puntado (Wilbert).

Guatán es un árbol, conocido también como Paraguatán.

❖ GUATAPANARE:

Antiguo fundo en Los Robles, Parroquia Aguirre.

El Guatapanare, árbol tintóreo .abundante en cerros y sabanas de Margarita. En épocas pasadas ayudó a la economía de la Isla. Sus frutos se exportaron al Viejo Continente para el teñido de pieles y tejidos.

Es conocido también como dividive, agalla, guarango....

El término proviene del cumanagoto araguatapanar, oreja de araguato, por la forma de su fruto, dice Alvarado.

❖ **EL GUAYABAL:**

Sitio cerca de Santa Isabel. Municipio Arismendi. Cerro de Antolín del Campo.

"Sitio abundante en Guayabos". Árbol de fruto comestible de la familia Mirtáceas.

❖ **GUAYACÁN:**

Caserío y puerto de pescadores en la parte Norte de Margarita. Entre Pedrogonzález y Manzanillo. Pertenece a la jurisdicción de la Parroquia Matasiete, Municipio Gómez.

Caserío del Municipio Tubores.

El Guayacán es el árbol emblema del Estado Nueva Esparta.

Es el *Guaiacum officinali* de la familia Zigofiláceas.

«Es el palo santo, que suele ser confundido con el palo sano o vera, perteneciente a la misma familia botánica. Produce una madera amarillenta, compacta, nudosa, de estructura algo fibrosa y corazón verdoso oscuro. Es voz taina»(Alvarado).

❖ **GUAYACANCITO:**

Caserío y puerto de la Península de Macanao. Centro pesquero de importancia.

❖ **GUAYAMURE:**

Barrio de la ciudad de Juangriego, Municipio Marcano.

Alvarado afirma que el término es caribe y significa morrocoy.

Se conoce también con este nombre cierto árbol de la familia de las Mirtáceas, que abunda en los cerros de los Estados Lara y Portuguesa. Se le dice también

Guayamón. Un Caserío del Estado Lara lleva el nombre Guayamure.

❖ GUAYAMURÍ:

Cerro al lado del Matasiete. Pertenece a la jurisdicción del Municipio Antolín del Campo.

Voz indígena caribe, uadamuri: morrocoy.

El cerro Guayamurí, por la belleza de su forma y la riqueza de su flora y fauna, fue declarado Monumento Nacional. Está separado del cerro Matasiete por un paso llamado El Portachuelo.

❖ GUAYARE:

Punta en la parte Norte de Margarita, en Manzanillo, entre Punta Guayacancito y Punta Ausente.

Del arecuna Uaiari: especie de cesto o agaje para transportar mantenimientos o provisiones (Alvarado).

❖ GUIME:

Punta al Norte de Margarita, entre Zaragoza y Punta Ausente.

❖ **GUINIMA:**

Población y puerto en el Sur de la Isla de Coche. Capital de la Parroquia Vicente Fuentes, Municipio Villalba.

Su nombre quiere decir lugar del agua - wini,agua; ime,sitio,lugar -. Proviene de la lengua arecuna.

En el Estado Sucre, región de Paria, un río lleva este nombre.

❖ **EL GÜIRE:**

Sitio de la población de Los Robles, Municipio Maneiro.

Sitio del Municipio García.

El Güire es un árbol de la familia de las Urticáceas. Su nombre científico: *Ficus nymphiifolia.*

Árbol americano, frondoso de 5 a 10 metros de altura. Se conoce también con el nombre de Matapalo.

❖ **GUIRIGUIRE:**

Barrio de la ciudad de Juangriego.

Caserío de Antolín del Campo.

Sitio de La Guardia.

Sector de la población de Robledar.

En el Caserío Guiriguire de Paraguachí, el arqueólogo norteamericano Theodor de Booy, en 1915, excavó una estación prehistórica «junto al cauce seco del Rio Viejo en el camino de Paraguachí a la Rinconada. En dicha excavación aparecieron algunos utensilios de piedra y unos pocos huesos de saino y de venado».

En excavaciones realizadas más tarde por José Maria Cruxent en el mismo sitio, se encontró «el asa de una vasija de arcilla antropomorfa con nariz simulando un ofidio, ojos de buñuelo, boca gruesa y brotada, color ocre».

Guiriguire proviene del guarao y significa remar o bogar. Otros afirman que es del cumanagoto, huirigüiri, pato.

H-I-J-K-L-M

❖ **HUAMA:**

Sitio de la Península de Macanao

❖ **LIPUEY:**

«Cerrito que está por la banda del Sur del camino real que va a Arapano» (dice en documento de 1724).

❖ **MACANAO:**

Península en la parte occidental de Margarita. Región motañosa de Margarita en la misma ubicación.

En algunos documentos de la época colonial aparece escrito Aymacanao. Según la leyenda la palabra significa" lugar de las macanas", dada la existencia en sus cerros de árboles de madera dura: yaques, cuicas, guayacanes, que los indios aprovechaban para la fabricación de sus armas.

En los primeros tiempos de la Colonia se descubrieron en su zona ricos ostrales y se establecieron rancherías que fueron saqueadas, en 1593, por el pirata inglés Juan de Amburs.

En la Relación de Navarrete en 1570, se expresa que Macanao es inhabitable por falta de agua.

Vásquez de Espinoza hace también descripción de Macanao. Menciona sus criaderos de ganado menor, la exploración de sus perlas, clima y vegetación; de la excelencia de la carne de sus venados y de las piedras bezoares que dichos animales crían en sus cráneos, y dice que toda la región es propiedad del Capitán Don Simón de Narváez.

❖ **MACANAITO:**

Cerro. Punto de referencia en los límites de los antiguos Municipios Mata y Guevara del Distrito Gómez.

❖ **EL MACO:**

Población capital de la Parroquia Simón Bolívar del Municipio Gómez.

Dice la leyenda que a la entrada de este Caserío existía un frondoso árbol de dicho nombre, a cuya sombra amarró Bolívar su caballo, y descansó de la jornada de Juangriego al Norte, en mayo de 1816. Tiempo más tarde se le dio oficialmente el nombre de Bolívar a esta población.

El Maco es árbol conocido en Margarita desde los tiempos precolombinos. En otras regiones se le dice Mamón.

Su nombre técnico es *Melicocca bijuga*. Es término caribe y cumanagoto. Se usa todavía en Margarita, Cumaná y Barcelona. Alvarado agrega que se le dice también mauco y muco.

❖ **MACARARE:**

Islote de los que forman el Grupo Los Frailes.

❖ **MACUPA:**

Sitio del Noreste de Porlamar, conocido también como Maitibio.

❖ **EL MAGUEY:**

Punta y Caserío de la Península de Macanao.

Planta que algunas partes llaman cocui. En Margarita en épocas de hambruna se comía asada su raíz en sustitución de la arepa. Según Alvarado es voz taina llevada a México. En este país la dicha planta es llamada Metí. El prenombrado científico trae la siguiente cita: «el árbol de las maravillas es el maguey, de que los nuevos o Chapetones (como en Indias los llaman) suelen escribir milagros, de que da agua, vino, aceite, vinagre, miel, arrope, hilo, aguja y otras cien cosas. El es un árbol, que en la Nueva España estiman mucho los indios, y de ordinario tienen en su habitación alguno o este género para ayuda a su vida; y en los y le cultivan»

❖ **EL MAMEY:**

Barrio de La Asunción.

El Mamey es un árbol americano. Nombre científico *Mammea americana* de la familia de las Gutíferas. Los botánicos la describen como «árbol coposo de 50 a 60 pies de alto, hojas lustrosas, pecioladas, coriáceas; flores blancas teñidas de rosado, de olor agradable, fruto:

drupa globosa, gruesa, de un amarillo gris y de carne amarilla y comestible con una semilla grande, redondeada. Por incisiones hechas en la corteza del árbol exuda una goma-resina inodora, eficaz insecticida, que usan mezclada o no con grasa, bajo el nombre de resina de mamei. La semilla también es insecticida».

Sitio histórico. En este Barrio tuvo lugar, el 25 de enero de 1816, el combate más prolongado y reñido de todos los que sostuvieron los margariteños en aquella época gloriosa. El Combate empezó a las 11 de la mañana y concluyó después de las cuatro de la tarde. Los patriotas lograron destrozar las tropas de Gorrín y persiguieron al resto hasta las playas de Guacuco donde murieron ahogados, entre ellos el Capitán Garrigó. Una patrulla de patriotas se acercó al Castillo de Santa Rosa y con sus fuegos lograron incendiar la pólvora que se almacenaba en esta fortaleza. La explosión mató a varios y resultó herido el Gobernador Urreiztieta, de tal manera que quedó inhábil para continuar al frente de su destino. Fue reemplazado por el Coronel Aldama.

En 1881, el Caserío El Mamey tenía 41 casas y 254 habitantes.

❖ EL MANGLAR:

Sitio de la población de El Cardón, Municipio Antolín del Campo.

"Manglar es una extensión cubierta de mangles".

❖ MANGLES:

Punta Mangles en la jurisdicción del Municipio Tubores. En este sitio está ubicado el Puerto Internacional.

El Mangle es un árbol "que se cría en todo el litoral, y en el Orinoco y forma espesos matorrales llamados manglares". Es árbol muy ramoso, con numerosas raíces adventicias que se convierten en tallos. Madera de un color rosado oscuro, fuerte, duradera en el agua. La corteza y las hojas sirven para teñir. Hay varias especies de esta planta.

Sobre el origen de la palabra hay discrepancias. Dicen algunos que proviene del malayo mangghi-mangghi. Otros que es de origen guaraní (Alvarado).

❖ **EL MANGLILLO:**

Caserío y puerto en el Sur de la Península de Macanao.

❖ **EL MEREY:**

Sector de la población de Aricagua, Municipio Antolín del Campo. Antiguo fundo agropecuario.

El Merey es árbol ramoso de hojas alternas, de fruto rojo o amarillo, jugoso y comestible. Su madera es fuerte y dura, de color rosado. La semilla del merey tiene un aceite cáustico que se ha utilizado para curar úlceras. Se le dice también paují. Es el marañón de la América Central.

❖ **LOS MORIQUITES:**

Caserío del Municipio Gómez. Oficialmente Caserío Rodulfo.

El Moriquite es ave nocturna parecida a la lechuza. Alvarado registra el término Moriquete: especie de ave de Cumaná.

❖ MORECHE:

O MURECHE, cerro de la población de Tacarigua.

Con el nombre de Moreche se conoce un árbol de madera recia en la región del Distrito Rivero, Estado Sucre.

Tal vez corrupción de Bureche, que Alvarado define como «bebida fermentada que preparan los indios guayaneses poniendo por cierto tiempo en agua caliente el casabe. También lleva este nombre el aguardiente de caña sacado por los indios, muy dulce y de olor algo desagradable».

❖ **NABOBO:**

Islote de los que integran el Grupo "Los Frailes"

❖ **ORINOCO:**

Caserío del Municipio Tubores. Antiguo Hato. En 1776 el sitio Orinoco era Capellanía del Presbítero Lorenzo Joaquín Salazar, Cura Rector de la Iglesia de Nuestra Señora del Valle del Espíritu Santo.

Este nombre es corrupción del vocablo caribe Ibirinoco.

❖ **ORIPUEY:**

Sitio de hato en la jurisdicción del pueblo Espinal. Pertenecía a la señora Bernardina de la Cova.

P

❖ PAMPATAR:

Puerto y población de la Isla de Margarita de gran importancia histórica. Algunos historiadores dicen que es uno de los pueblos más viejos de América. En 1620, la Corona lo declaró Puerto Real de Pampatar, único habilitado para el comercio exterior y de cabotaje en Margarita. Otte afirma que por motivo del comercio de la perla fue el más importante puerto de América en aquellos tiempos. De gran significación en la época independentista. Aquí se inició el movimiento revolucionario con Don Manuel Plácido Maneiro a la cabeza. Aquí concluyó el dominio español, al abandonar su castillo las tropas realistas comandadas por el General Don Pablo Morillo, el 17 de agosto de 1817.

Pampatar es voz caribe, corrupción del término Mompatare, que significa "pueblo o sitio de la sal ", En documentos de los primeros tiempos coloniales se escribe también su nombre como Mompata o Mompatar. El académico y poeta Dr. Andrés Silva, nativo de este pueblo, afirma que la expresión indica "Mi Hogar". Los estudiosos de los dialectos indígenas han llegado a comprobar que es voz cumanagota, corrupción de Pamopotar. Pamo: sal; Potar: puerto.

❖ PARAGUACHÍ:

Del cumanagoto. Paragua: mar. Chi: sol o luz.

Valle. Región en la parte Norte de la Isla de Margarita. Fue asiento - según antiguos documentos - de gran parte de la población indígena de nuestra Isla y donde iniciaron los dominicos la conversión de los guaiqueríes a la doctrina cristiana en la iglesia de San José, nombre éste que reemplazó oficialmente al de Paraguachí.

El Predicador Don Juan de Manzanillo, Prior de la Orden Dominica en América, visitó ese Valle, el cual llamaban los indios "Paraguache", según deja constancia.

Los españoles llamaron Bahía de Paraguachí al puerto conocido más tarde como El Tirano y actualmente Puerto Fermín.

❖ **PARAGUARIME:**

O Paraguarima, conocido actualmente como Palguarime. Es sector del antiguo Poblado de Indígenas de Pueblo de la Mar.

La tradición señala que en el sitio de Paraguarime nació el mestizo Francisco Fajardo, conquistador de la parte central de Venezuela y fundador de pueblos en litoral de esa región y del Hato San Francisco en el Valle de los Caracas. Era hijo del Teniente de Gobernador de Margarita don Francisco Fajardo y de la cacica margariteña bautizada Isabel, nieta del cacique Charaima.

Paraguarima, dicen, proviene del cumanagoto. Paragua: mar; ima, sitio. Sitio cerca del mar.

❖ **EL PAUJIL:**

Sector de la población El Salado, Antolín del Campo. Antiguo fundo agropecuario.

El paujil es árbol alto, de tronco recto y coposo, hojas lampiñas. El fruto es una baya globosa, amarilla, olorosa, comestible de   sabor dulce, ligeramente astringente.

Paujil llaman en algunas regiones al merey.

Es también un ave de color negro intenso y tiene una cresta de plumas o copete.

❖ LA PECHE:

Islote de los que integran el Grupo "Los Frailes".

❖ EL PIACHE:

El pueblo de El Piache, como Comunidad de Indígenas, lo fundó en 1773, el Gobernador Don José de Matos.

Fray Yñigo de Abad, Visitador del Obispado de Puerto Rico estuvo en Margarita en 1773, y de este sitio nos dice lo siguiente:

«Entre los cerros que forman este Valle (el del Espíritu Santo) la circunvala por la parte del Sur el que llaman El Piache en cuya cima hay una gran cueva a la cual acudían con frecuencia los indios a continuar sus antiguas supersticiones y consultar sus agoreros Los Piaches. Practicando estas impiedades con tanta arrogancia y descaro que, los Párrocos que habían intentado impedirlo, habían padecido sin saber de quién muertes desgraciadas y violentas. Don Nicolás de la Coa, a cuyo cuidado estaba esta Parroquia cuando pasó el Comisionado esta visita, estaba infatuado, y padecía acerbos dolores por haberle infeccionado la bebida los indios según se persuadía, refirióme las muertes desgraciadas de tres de sus antecesores que habían intentado estrechar a los indios a cumplir con La iglesia, aprender la Doctrina Cristiana, prohibiéndoles con amenazas y castigos visitar la Cueva del Piache, pero todo fue inútil pues encontraban seguro auxilio para continuar sus supersticiones , en quien dé justicia y oficio debía impedirlos, por cuyas razones el Cura intimidado tenía abandonadas sus ovejas».

Piache: "sacerdote indígena, que, según los casos, era al mismo tiempo brujo, hechicero o herbolario".

En el Cerro El Piache se han explotado yacimientos de mármol.

❖ EL PÚI

Antiguo sitio de Labranza y hato en la población de Los Robles.

El Púi es árbol grande, corpulento, de madera fuerte, pesada y durable, muy utilizada para horcones y soleras en la fabricación de viviendas.

Alvarado trae esta cita del sabio Ernst: «En la iglesia de La Asunción, en Margarita, forma un tronco de púi el escalón delante del altar, y a pesar de estar allí desde más de un siglo, no se le nota desgaste ni otro deterioro».

Corrupción del vocablo cumanagoto puyo. En otros lugares de Venezuela se conoce como Acapro.

❖ LOS PUISITOS:

Antiguo sitio de labranzas y hato en la región de Sabana Grande, hoy conocido como Caserío Los Gómez, en el Municipio Tubores.

❖ **LA SABANA:**

Voz caribe."Llanura muy dilatada sin vegetación arbórea".

Varios son los sitios en Margarita que llevan este nombre:

La Sabana, en Pedrogonzález, donde en 1758, se asentó la Comunidad de Indígenas. Indicada también en documentos antiguos como La Sabanilla.

La Sabana de Guacuco en la .jurisdicción de Arismendi.

La Sabana de Los Millanes.

La Sabana de Pampatar y de Los Robles.

La Otra Sabana, en Los Robles.

La Sabaneta de Juangriego.

Sabana Grande, extensa región de Margarita desde el sitio Espinal hasta cerca de la Laguna Arestinga. En ella se formaron varios Caseríos y llegó alcanzar la calidad de Municipio que tuvo por capital a Punta de Piedras.

❖ **SACOPANA (o Sacupana):**

Sector de la población de Atamo Sur.

Voz del guarao. Barral dice que «Sacupana es uno de le principales caños del Orinoco, frente a la Isla Guasina».

❖ TACARIGUA:

Valle, riachuelo, población capital de la Parroquia Guevara, Municipio Gómez.

Esta población está dividida en los Sectores San Sebastián (o antiguamente El Río) o Tacarigua Adentro, Corazón de Jesús o Tacarigua Afuera y Tacarigüita.

Tacarigua es árbol de la familia de las Bombáceas, de 30 a 40 pies de alto. Crece en climas cálidos. Madera de un blanco rojizo, muy fibrosa, blanda y liviana, difícil de labrar. Apenas se utiliza en flotadores para redes de pesca y tapones para barriles, y más que todo en la construcción de almadías para la navegación fluvial; pero la lana o kapok es de gran consumo, según la describe el sabio Alvarado.

❖ TACUANTAR:

Sitio, playa en las jurisdicción del Municipio Marcano .

Abundancia o sitio de las Tacuas.

Tacua - dice Alvarado - es el fruto de una especie de Tuna de Cumaná.

❖ **EL TAMOCO:**

Cerro, sitio, riachuelo en la jurisdicción del Municipio Gómez.

El sabio Ernst, quien fue el primero en estudiar y clasificar la flora margariteña, escribe Tomoco.

❖ **TARITARE:**

Sector de la ciudad de Juangriego. Cerrito en la población El Espinal, antigua región de Sabana Grande.

Taritare o taritari - dice Alvarado - es una especie de hormiga larga, de color negro, cabeza grande, provista de aguijón.

En tiempos de la Colonia se le dio el nombre de taritaris a una raza de negros nacidos en Margarita y a otra variedad de ellos, se les distinguía como cuchi-cuchis.

Taritari, es voz arecuna.

❖ **TEQUIENE:**

Cerro, sitio de la población do Los Robles.

❖ **EL TOCO:**

Sitio. Posesión agropecuaria cercana al puerto de Manzanillo, Antolín del Campo.

Sitio de La Asunción, "cerca de la Huerta de Hidalgo", según cita en la Historia de Margarita de Yanes.

El Toco es árbol corpulento, frondoso, de 15 a 25 pies de alto. Su fruto es una baya, del tamaño de un huevo de paloma. Madera liviana, poco dura.

Voz cumanagota.

❖ **TOPORO:**

Sector del Valle del Espíritu Santo, a la entrada de dicha población.

Sitios de Tacarigua y Santa Ana del Norte, en los cuales abundaba el algodón que daba el "hilo toporeño" especial para tejer hamacas y chinchorros.

En Margarita se emplea el término para calificar a los animales que carecen de cuernos.

"Toporo. Vaso de Totuma, en forma de jícara o copa alargada. Us. en Barcelona" (Alvarado).

❖ **TOQUITO:**

Sitio cercano a Fuentidueño. Municipio Díaz.

❖ **EL TUEY:**

Caserío del Municipio Díaz, cercano a San Juan Bautista.

❖ **EL TUNAL:**

Punta. Sitio y Caserío de la Península de Macanao. Voz taína. Campo cubierto de tunas de cualquier clase.

❖ **VICUARE:**

Cerro y sitio en La jurisdicción del Municipio Maneiro, que perteneció a la antigua Comunidad de Indígenas de Los Cerritos, adscrita a la Parroquia del Puerto Real de Pampatar.

❖ **VICUÑA:**

Caserío de la Parroquia Adrián, Municipio Marcano.

Es voz quechua con que se distingue a un mamífero rumiante parecido al macho cabrío. Tiene el cuerpo cubierto de un pelo largo de color amarillento rojizo. Vive salvaje en manadas en los Andes de Perú y Bolivia, y se caza para aprovechar su lana que es muy apreciada.

X-Y-Z

❖ EL YAQUE:

Caserío, puerto del Municipio Díaz. En este sitio está el Aeropuerto Internacional del Caribe "General Santiago Marino".

Yaque es un árbol silvestre de las Leguminosas, cuyo nombre técnico es Prosopis cumanensis. En otras regiones se le conoce como Cují.

Este nombre lo llevan unos peces del Orinoco y del Guárico.

Según Alvarado, Yaque es voz chaima que quiere decir: bagre.

❖ YAURERO

La Loma del Yaurero: sitio de la Península de Macanao.

El Yaurero es una variedad de Cardón, grueso y alto, de madera fuerte, que se utiliza en la confección de muebles rústicos.

OBRAS CONSULTADAS

ALVARADO, Lisandro:

"Glosario de Voces Indígenas de Venezuela".

Obras Completas de Lisandro Alvarado.Vol.1.

Ministerio de Educación.

Caracas, Venezuela, 1953.

ALVARADO, Lisandro:

"Misceláneas de Ciencias. Varios. Epistolario".

Obras Completas de Lisandro Alvarado. Vol. VIII.

Ministerio de Educación.

Caracas, Venezuela, 1958.

ARMELLADA, Fray Cesáreo:

"Influencia de las Lenguas Indígenas Venezolanas en las Lenguas Españolas".

Discurso de Incorporación como Miembro Correspondiente de la Academia Venezolana de la Lengua, el 9 de marzo de 1964.

Boletín de la Academia Venezolana de la Lengua
Correspondiente de la Española.
Año XXXII. Enero a Junio 1964.N° 115.

BARRAL, Basilio María de
O.F.M.Cap.
Diccionario Guarao-Español, Español-Guarao.
Editorial Sucre Caracas, 1957.

BRICEÑO, Mariano de:
"Historia de la isla de Margarita"
Colección "Vigilia" 27
 Ministerio de Educación.
Caracas, Venezuela, 1970.

CERRON-PALOMINO, Rodolfo:
"Diccionario Quechua-Junín-Huanca."
Ministerio de Educación.
Instituto de Estudios Peruanos.
Lima, Perú, 1976.

ERMINY ARISMENDI, Santos:
"Por entre Pueblos de Indios".
Editorial Oceánida.
Madrid, Caracas.

ERNST, A.

"Enumeración Sistemática de las Plantas observadas en la Isla de Margarita"."Mayo 28 a 31 de 1873".

En:"Los Esbozos de Venezuela. La Margarita", de Andrés A. Level.

Ediciones del Congreso de la República.

Segunda Edición facsimilar.

Caracas, Venezuela, 1986.

HOYOS F., Jesús:

"Flora de la Isla de Margarita, Venezuela".

Sociedad y Fundación La Salle de Ciencias Naturales.

Monografía No.34.

Caracas, Venezuela, 1985.

LEVEL, Andrés A.

"Esbozos de Venezuela. La Margarita"

Edición de Librería Venezolana.

El Valle, Caracas, 1942.

Mac PHERSON, Telasco A.

"Diccionario del Estado Miranda"

Biblioteca de Autores y Temas Mirandinos 40

Colección Francisco de Miranda No.2.

Los Teques, 1988.

MARCANO ROSAS, José:

"Historia Vivencial y Coloquial Margariteña"

Proyección Nacional.

Caracas, Venezuela, 1994.

MONTENEGRO, Juan Ernesto:

"Francisco Fajardo y la Fundación de Caracas"

Concejo Municipal del Distrito Federal.

Caracas, 1974.

PITTIER, Henry:

"Exploraciones Botánicas y otras en la Cuenca de Maracaibo".

"Boletín Comercial e Industrial"

Año IV. Nos.39 y 40.

Caracas, julio y agosto 1923.

REAL ACADEMIA ESPAÑOLA;

"Diccionario de la Lengua Española"

Madrid, 1970.

ROSA ACOSTA, Rosauro:

"Diccionario Geográfico-Histórico del Estado Nueva Esparta"

Colección Madreperla. Fondene.

Pampatar, 1984 .

TAMAYO, Francisco:

"Léxico Popular Venezolano"

Dirección de Cultura de la U.C.V.

Alfadil Ediciones.

Caracas, 1991.

WILBERT, Johannes:

"Palabras colectadas en Margarita en residencia de los Gauiquerí".

Prólogo del Diccionario Guarao-Español, Español Guarao de Basilio Ma. de Barral.

Edit.Sucre.

Caracas, 1957.

YANES, Francisco Javier:

"Historia de Margarita"

Biblioteca Popular Venezolana 28

Ministerio de Educación Nacional.

Caracas, 1948.

Este libro fue terminado hoy,
martes, 30 de abril de 1996.

SOBRE EL AUTOR

Rosauro Rosa Acosta (Pampatar, Venezuela, 1925-2001) Poeta, narrador, Cronista de Pampatar y del Estado Nueva Esparta, Miembro Correspondiente por el Estado Nueva Esparta a las Academias de la Lengua y de la Historia, fue inquieto activista cultural, fundador de bibliotecas y periódicos. Dirigió por largos años el Suplemento Cultural del diario "El Sol de Margarita", manteniendo en diversos medios locales, regionales y nacionales su columna "Caracol de la Isla", de muy grata recordación. Hizo de su hacer literario una profunda comunión con su pueblo, legándole una amplia variedad de títulos fundamentales para entender la historia, las costumbres y el modo de ser margariteño, entre los que destacan: "Los Hombres del 4 de Mayo", "Diccionario Geográfico-Histórico del Estado Nueva Esparta", "Pueblo de la Mar", "La Asunción: Noble y Eterna", "Muestra del Folklore Margariteño", "De Antiguas Ansiedades", "Playeras", "La Mariposa Negra y Otros Relatos", "Los Robles: Datos para su Historia", "El Castillo de Santa Rosa", "Los Hombres de Matasiete", "La Iglesia del Santísimo Cristo del Buen Viaje", y "Diccionario Margariteño. Biográfico, Geográfico e Histórico".

OBRAS DE

ROSAURO ROSA ACOSTA

DISPONIBLES EN

USA, CANDA, FRANCIA, UK, ITALIA, ESPAÑA,

LATINOAMÉRICA Y RESTO DEL MUNDO

POR

AMAZON

- ❖ LOS HOMBRES DE MATASIETE

- ❖ LOS HOMBRES DEL 4 DE MAYO

- ❖ HEROÍNAS MARGARITEÑAS

- ❖ MUESTRA DEL FOLKLORE MARGARITEÑO

- ❖ DE LA ISLA Y SUS DECIRES.

- ❖ TOPONIMIA INDÍGENA MARGARITEÑA

Disponibles en papel y formato electrónico para Kindle

www.ingramcontent.com/pod-product-compliance
Lightning Source LLC
Chambersburg PA
CBHW051429280526
45785CB00003B/1215